MÉMOIRE
SUR MUNINGUE.

MÉMOIRE SUR HUNINGUE

DÉDIÉ

aux Citoyens de la Haute-Saône

PAR LE MAJOR PIERRE MUSSOT.

Citoyens,

Si la question du rétablissement de la forteresse d'Huningue est éminemment une question de sécurité publique et d'honneur national pour la France entière, elle l'est surtout, et doublement, pour vous : c'est de ce point, rendu vulnérable par la destruction des remparts qui le commandaient, que peuvent le plus facilement déboucher, et que débouchèrent en effet, les armées de cette *alliance* qui s'intitulait *sainte*, qui, deux fois, inondèrent et désolèrent nos belles contrées ; c'est au patriotisme et à la valeur des citoyens de la Haute-Saône, vos pères et vos frères, que fut confiée, en 1815, la défense de ce bouclier qui protégeait le cœur de notre Franche-Comté.

Tant que vous y fûtes, ce point fut inattaquable à force ouverte, et Bâle ne livra son pont et n'ouvrit ses portes à l'invasion étrangère que clandestinement et en tremblant.

Mais, lorsque vous en fûtes partis, l'orgueil humilié, de concert avec la faiblesse ou la trahison, se vengèrent de votre courageuse résistance : Huningue, ce chef-d'œuvre de Vauban, cette sentinelle avancée de la France, toujours prête à faire feu sur le premier ennemi apparaissant sur l'autre rive du Rhin, Huningue fut détruit.

J'habitais, l'année dernière, cette forteresse dévastée par la haine étrangère. Frappé de l'importance de ce point de notre frontière, humilié dans mon sentiment national par l'aspect de cette ruine et par le souvenir de cet outrage toujours vivant, que l'étranger contemple de chez lui avec une insultante ironie, je crus, j'espérai, en considérant surtout l'imminence des événements qui s'annonçaient déjà sourdement, que la voix d'un vieux soldat serait entendue, que son opinion, émise avec franchise et conviction, aurait au moins pour effet d'appeler de nouveau l'attention sur un objet d'un intérêt si actuel. J'écrivis donc ce Mémoire, auquel le ministre de la guerre d'alors, ainsi que quelques personnages compétents et haut placés dans l'opinion, voulurent bien accorder quelque importance, mais qui n'eut pas le pouvoir de modifier en rien le parti pris de ne donner sur ce point, comme sur tant d'autres, aucune satisfaction au sentiment national.

Je vous dédie cet opuscule, mes concitoyens, comme un hommage de mes sentiments affectueux de fraternité d'abord, et, ensuite, comme un témoignage de ma gratitude pour l'accueil bienveillant et honorable que j'ai reçu de vous dans cette circonstance solennelle de ma vie où je viens m'offrir à vos suffrages, mais surtout pour que votre voix vienne prêter sa force immense à ma faible voix, pour qu'à votre appel patriotique, enfin, les remparts d'Huningue surgissent de nouveau du sol arrosé de votre sang et témoin de votre courage.

Recevez, mes chers concitoyens, l'assurance de mon dévouement à la République, le rêve chéri de toute notre vie ! — C'est vous donner l'assurance du même dévouement à toutes les améliorations sociales que réclame et qu'a droit de réclamer le peuple français.

Salut et Fraternité.

Votre Concitoyen,
Le major P. MUSSOT.

MÉMOIRE
SUR HUNINGUE.

DE LA NÉCESSITÉ
de relever les fortifications de cette place.

Le nom d'*Huningue* et la question de son importance passée se sont trouvés et se trouvent encore journellement mêlés d'une manière intime à presque toutes les discussions soulevées dans la presse et aux Chambres législatives, sur les éventualités ou l'imminence de la guerre. Cette préoccupation générale des esprits, cette sollicitude ardente de l'opinion publique et du sentiment national a éveillé la nôtre. Nous sommes sur les lieux, nous avons sous les yeux l'objet et tous les éléments locaux et matériels de la discussion; nous nous sommes donc mis à parcourir et à explorer ces ruines, tristes et irritants vestiges de nos revers militaires et de nos malheurs politiques. — Nous avons fait plus : jaloux de baser notre conviction sur des faits positifs et sur des données certaines et invariables, nous avons visité toute cette partie de notre frontière de l'Est comprise entre *Porentruy, Belfort, Bâle, Colmar, Neufbrisach* et le *pont de Kell*. Souvent nous avons poussé nos excursions, tantôt à pied, tantôt à cheval, toujours la carte du pays et une longue-vue à la main, assez avant dans les contrées limitrophes de la France à ces divers points, pour être sûr de ne rien avancer, dans cette émission de notre opinion, qui ne soit conforme à la vérité historique et géographique.

Notre opinion sur une matière et un sujet aussi considérables ne peut avoir, nous le comprenons très-bien, beaucoup d'importance ni d'autorité; mais la question que nous nous sommes enhardi à traiter à notre point de vue a un intérêt national immense. Peut-être, dans l'émission de nos pensées sur ce sujet, digne à tant d'égards des méditations des hommes d'Etat et de guerre, ainsi que dans les arguments que nous apportons à leur appui, se trouvera-t-il quelque idée pratique utile au pays. C'est notre vœu, notre seul et unique mobile.

Examinons d'abord, au point de vue local, les principales objections faites contre le rétablissement de la forteresse d'Huningue.

1re OBJECTION.

Huningue, privé de la tête de pont qui était sur la rive droite du Rhin, et nommée autrefois *Petit-Huningue français* (*), n'a plus d'importance pour la défense générale du royaume, ni pour empêcher le passage du fleuve au-dessous de Bâle. — On peut battre Huningue et le ruiner, par le boulet et la bombe, des hauteurs qui s'élèvent de l'autre côté, sur le territoire du grand-duché de Baden. — Les travaux et batteries qu'on peut construire sur ce point seraient à l'abri d'une sortie de la garnison d'Huningue, puisque nous ne sommes plus seuls maîtres du *Pont-Volant*, qui a remplacé l'ancien pont à chevalets et à pilotis (**).

(*) Pour le distinguer du *Petit-Huningue suisse (Klein-Huningue)*, qui est à côté.

(**) Ce pont, ainsi que les fortifications de la tête de pont du Petit-Huningue français, furent détruits en 1796, par l'armée autrichienne, lors de la glorieuse retraite de l'armée du Rhin, commandée par le général Moreau. Depuis cette époque, la tête de pont du Petit-Huningue, qui appartint toujours à la France, jusqu'en 1815, ne fut pas rétablie; et Huningue eut un pont de bateaux, ce qui ne l'empêchait pas d'être une place et une position importante, qui servit souvent de refuge ou de point d'appui à nos armées, et empêchat toujours le passage du Rhin par l'ennemi sur ce point.

RÉPONSE.

Les fortifications d'Huningue relevées dominent tout ce coin du grand-duché qui fait face à la place ; et ce n'est pas ce faible Etat, qui d'ailleurs est dans les intérêts français, quoiqu'il fasse partie de la confédération germanique, qui pourrait ou voudrait jamais prendre l'initiative de la guerre, ni élever des ouvrages et se procurer un matériel d'artillerie capables de lutter avec Huningue. — Donc des travaux de fortification, permanente ou passagère, sur ce point, qui puissent neutraliser Huningue, ou seulement mettre un obstacle sérieux au passage d'une armée française, seraient impossibles ou inutiles, à moins que les puissances de premier ordre n'intervinssent immédiatement et au début de la guerre, et ne fussent préalablement maîtresses absolues du pays de Baden et du canton de Bâle. — Or, avant d'en être là, la guerre étant déclarée et notre forteresse relevée d'avance, la tête de pont du Petit-Huningue, si on le jugeait indispensable au système de défense du corps de place, pourrait être reprise sans coup férir, et mise en état de résistance ou d'attaque par des terrassements, d'autant plus faciles à élever que le tracé, les fossés et quelques reliefs des anciens retranchements y existent encore : quelques compagnies d'infanterie et cinq à six cents travailleurs suffiraient à cette œuvre dans un laps de temps de quinze jours au plus, et cela avant que l'ennemi ait pu prendre des dispositions sérieuses et efficaces pour s'y opposer.

S'il y avait résistance ou essai de résistance, le canon d'Huningue, battant toute la plaine, assez vaste et coupée de voies et travaux d'irrigations que forme en cet endroit la vallée du Rhin, entre le Petit-Huningue et les premiers contre-forts des montagnes, sur lesquels seuls il serait rationnel et possible d'élever des batteries (*), et ces contre-forts étant eux-mêmes

(*) Ce fut en effet sur ces contreforts, près de quelques maisons nom-

battus par l'artillerie d'Huningue, tout l'avantage de position et d'initiative est pour la France.

Au premier coup de canon nous serions donc, sur ce point, *à cheval sur le Rhin*, et maîtres du passage. — Nous verrons plus loin les immenses avantages qu'assure cette position.

2ᵉ OBJECTION.

Depuis la destruction d'Huningue, la place de *Belfort* a acquis l'importance qu'avait précédemment l'ancienne forteresse ; et, en outre, Belfort est mieux situé qu'Huningue pour être l'une des clefs de la France. Il couvre, par le développement de ses lignes, le principal passage *des Vosges*, et peut, appuyé qu'il est à cette chaîne de montagnes, servir de base d'opérations à une armée ou corps d'armée, soit pour l'attaque, soit pour la résistance.

RÉPONSE.

1° L'importance de Belfort, qu'on ne peut nier comme position et nœud stratégique, n'ôte rien, selon nous, à l'importance d'Huningue ; il est évident au contraire qu'Huningue sorti de ses ruines ajouterait considérablement à l'importance stratégique de la position et des lignes de Belfort. Une armée ou corps d'armée ayant pour base d'opérations cette place et ces lignes, et couverte du côté de la Suisse par Huningue, qui assure la neutralité de Bâle ou foudroie son pont, en même temps qu'il tient en échec la Confédération germanique par le grand-duché de Baden, a ses coudées franches pour agir dans toute la haute Alsace, pour s'opposer au passage du Rhin par une armée ennemie, entre Huningue et Neufbrisach, et entre Neufbrisach et Strasbourg, aussi bien que pour l'effectuer elle-même sur l'un de ces points.

---

nées *Léopold Zhoë*, que l'armée autrichienne éleva ses batteries, en 1796, lorsque l'armée du Rhin, dans sa retraite, repassa ce fleuve à Huningue, protégée par son canon. — On observe encore, en cet endroit, des vestiges de ces travaux.

2° Entre Belfort et Huningue est une étendue de territoire de quinze à dix-sept lieues de profondeur, sur une longueur deux fois plus considérable, entre *Montbéliard*, *Altkirch et Neufbrisach*. Dans cet espace se trouvent de grands établissements d'exploitation et de fabrique, un pays riche et populeux, pouvant offrir d'immenses ressources à une armée envahissante; et enfin *Mulhouse*, ce grand centre d'industrie, faisant une redoutable concurrence aux produits similaires de la Grande-Bretagne. Si, ce qui est probable, cette puissance était contre nous dans une guerre continentale, il faudrait compter sur sa jalousie industrielle et commerciale bien connue, et s'attendre à une expédition ayant pour but la destruction de cette concurrence. — Si elle était neutre, elle aurait bien, dans les armées étrangères, ou peut-être même dans la nôtre, quelques officiers *faisant la guerre en amateurs*, quelque *commissaire*, enfin, *chargé de veiller aux intérêts de son commerce;* or, on sait ce que l'Angleterre entend par ces mots, et on connaît assez les habitudes, le zèle et le peu de scrupule de ses agents, avoués ou secrets, en pareilles circonstances.

Or, Belfort, malgré sa force propre et son importance stratégique, ne peut rien ou peu de chose pour protéger toute cette zône, qui se trouverait gravement et la première exposée aux incursions et aux insultes des partis ennemis. Ce serait un magnifique champ de bataille, où pourraient se donner rendez-vous l'Autriche, la Prusse, la Confédération germanique, et peut-être bien même nos *bons voisins* les Suisses (*), qui, ne pouvant faire rentrer au bercail helvétique cette *brebis égarée* de Mulhouse, ne seraient pas fâchés de la tondre une bonne fois, toujours *relativement à l'Angleterre*, bien entendu.

Huningue relevé de ses ruines, et le fortin dit *Redoute de*

(*) Il est important de ne pas oublier, en lisant ceci et divers autres passages de ce mémoire, qu'il écrit fut avant que les événements dont la Suisse a été le théâtre ne se soient accomplis et aient préparé et facilité ceux qui s'accomplissent actuellement en Italie.

Custines, qui dominait et menaçait particulièrement le pont et la ville de Bâle, étant reconstruits sur un point plus culminant, et dans des proportions plus imposantes (nous allons dire pourquoi), Huningue, disons-nous, protège et couvre toute cette étendue de pays indiquée, met Mulhouse à l'abri d'un coup de main, et le défend contre les entreprises et incursions dirigées contre son industrie ou son existence même.

3° A Huningue se trouve l'ouverture du canal qui unit le Rhin au Rhône par la Saône et Lyon, et qui entre dans le système même des fortifications de cette place. Les fortifications détruites comme elles le sont, cette ouverture est livrée sans défense à l'ennemi, qui y trouverait sur-le-champ une voie de communication sûre et commode, pour ses convois et approvisionnements, tout en en privant à l'instant même notre commerce et notre industrie ; ceux de Mulhouse, si importants aujourd'hui par les nombreuses fabriques de locomotives et machines à vapeur qui s'y sont établies, et qui emploient jusqu'à trente ou trente-cinq mille ouvriers, seraient, par ce seul fait, anéantis.

Les fortifications relevées nous assureraient, au contraire, tous les avantages de cette voie, tant que l'ennemi ne serait pas maître de la Haute-Alsace, et l'empêcheraient de s'en servir contre nous dans le cas même où il en serait maître.

4° Depuis la destruction d'Huningue, ce point a acquis une importance et un intérêt plus grands encore que ceux qu'il avait déjà naturellement. — Le chemin de fer parallèle au Rhin, de Strasbourg à Bâle, passe sous le canon d'Huningue (si Huningue avait du canon). — Il est bien inutile, ce nous semble, de faire ressortir les conséquences de ce fait militant pour Huningue ; il parle de lui-même. — Voilà la raison pour laquelle il nous semblerait nécessaire, si on relève Huningue, de reconstruire *la Redoute de Custines*, élevée jadis en vue de Bâle, et dont il ne reste plus trace aujourd'hui, sur un point voisin plus culminant et sur une plus grande échelle, dans le double but de pouvoir foudroyer en flanc le pont de Bâle, de ne rien laisser entrer ni sortir de cette ville par le chemin de fer, comme par la route qui lui est parallèle, sans notre permission, et enfin de protéger cette voie de communications rapides, qui est destinée à relier toute notre frontière de l'Est avec le cœur de la France.

Sans la forteresse d'Huningue, le chemin de fer d'Alsace est à la merci de l'ennemi violant la neutralité de Bâle, de toutes manières très-aisée à violer sans le canon d'Huningue, ou faisant hardiment une pointe par Huningue même, qui, dans l'état de cadavre mutilé où il se trouve, ne peut rien pour empêcher le passage du Rhin de vive force ou par surprise, passage plus facile sur ce point que sur tout autre, le fleuve y étant peu large et peu profond, dans l'arrière-saison surtout, ayant des bords peu ou point escarpés, et ne présentant là d'ailleurs qu'un seul et même lit.

Mais, dira-t-on, si l'ennemi ne passe pas le Rhin à Huningue ni à Bâle, ne peut-il trouver à le passer sur un espace de quinze lieues environ, entre Huningue et Neufbrisach, pour, de là, faire une pointe et effectuer ses desseins sur le chemin de fer ou sur Mulhouse?

A moins d'être en forces majeures, qui rendissent impossible ou inutile toute résistance de la part de l'armée ou du corps d'armée que nous avons supposé avoir sa base d'opérations à Belfort, il est à croire que l'ennemi y regarderait à deux fois avant de se décider à tenter ce passage entre deux forteresses (*) comme Neufbrisach et Huningue, dont les garnisons, pouvant se réunir dans une sortie simultanée sur ses derrières, le mettrait dans la position la plus critique : — Coupé de sa base et de sa ligne d'opérations s'il avance; culbuté dans le Rhin ou forcé de mettre bas les armes s'il recule.

En cas même de réussite, Huningue intercepte ses convois, ses renforts, le gêne et inquiète ses derrières.

(*) Nous raisonnons toujours dans l'hypothèse du rétablissement de celle d'Huningue.

3ᵉ OBJECTION.

Les traités de 1815 s'opposent au rétablissement des fortifications d'Huningue, et les relever serait un *casus belli*.

RÉPONSE.

Et d'abord M. le maréchal Soult, comme président du conseil des ministres, a nié formellement à la Chambre des députés, dans l'une des dernières sessions (nous n'avons pas le *Moniteur* sous les yeux pour vérifier la date), lorsque, pour la première fois, cette question fut portée à la tribune depuis 1830, que les traités de 1815 continssent rien qui s'opposât à ce que la France relevât les remparts d'Huningue, ajoutant que, parfaitement libre de relever ces remparts, le Gouvernement ne le faisait pas pour les raisons qui font le sujet de la 2ᵉ *Objection*, à laquelle nous venons de répondre, sans avoir encore abordé tous les arguments qu'on peut lui opposer.

Cette assertion et cette opinion de M. le maréchal Soult furent appuyées, développées dans cette même séance, par un *homme spécial*, M. Allard, officier supérieur du génie, d'une capacité et d'un mérite reconnus, mais qui ajoutait cependant, en forme de protestation, que, s'il était vrai que les traités de Vienne portassent cette interdiction, il faudrait, par cela seul, relever Huningue de ses ruines, afin de prouver, une fois pour toutes, que la France entendait être libre et maîtresse chez elle.

Ce sentiment de dignité nationale, unanimement partagé alors par la Chambre, a reçu depuis une force et une énergie plus grandes des événements, et surtout du plus récent, l'incorporation de Cracovie à l'empire d'Autriche.

De deux choses l'une donc : les traités de 1815 défendent le rétablissement de la forteresse d'Huningue, ou ils ne le défendent pas.

Si la clause de défense existe, à part l'offense, l'insulte trop longtemps endurée, elle n'a plus, même diplomatiquement, aucune valeur aujourd'hui ; et le Gouvernement, par sa protestation contre la violation de ces traités, les Chambres par la signification et la portée qu'elles ont données aux termes de cette protestation, ont déclaré que désormais la France se réservait, quant à l'observance desdits traités, de ne consulter que sa dignité et ses intérêts.

Si la clause d'interdiction n'existe réellement pas, il ne reste plus que les questions d'*utilité*, d'*opportunité* et *de dépense*.

La question d'*utilité* traitée au point de vue purement local dans nos réponses aux deux premières *objections*, nous allons tâcher d'en compléter la solution par les considérations stratégiques et politiques suivantes :

Huningue est situé au point de contact du grand-duché de Baden avec la Suisse par le canton de Bâle ; et là, à demi-portée de canon d'Huningue, est la grande route de *Francfort* par *Heidelberg* et le grand-duché de Hesse-Darmstadt ; à quelques kilomètres plus haut, et se reliant par de belles routes secondaires à cette grande voie de communication, sont les routes et vallées qui, à travers et au-delà des *Montagnes de la Forêt-Noire*, conduisent à *Stuttgard*, *Munich*, *Augsbourg*, *Dresde* ; et enfin *la route de Vienne*, par le *Vorálberg* et *Inspruck*, et, d'Inspruck, celle *du royaume Lombardo-Vénitien* par *Trente* et *Bassano*.

On peut donc prendre, de ce point d'Huningue, la Confédération germanique en flanc et à revers, la séparer brusquement de l'Autriche, et menacer, tout en donnant la main à l'Italie, la capitale de cet Empire, sans qu'il soit nécessaire de violer la neutralité de Bâle, afin d'avoir le droit de la lui imposer, au besoin, au bénéfice de la France.

Mais pour cela faire, il est indispensable qu'Huningue redevienne une forteresse imposante ; car, sans cette condition, nous ne sommes pas en mesure d'agir immédiatement, et de déboucher à l'improviste par ce point stratégique important ;

nous n'avons pas, enfin, dans l'état actuel des lieux, le libre passage du Rhin. Il faudrait le passer sur le pont de Bâle ou de vive force : dans le premier cas, la neutralité de la Suisse est violée; et, le cas de guerre échéant, il serait désirable, il serait essentiel de ne pas donner l'exemple de cette violation; dans la dernière supposition, ce serait démasquer trop tôt nos projets et donner le temps à l'ennemi de prendre des dispositions pour s'y opposer.

D'une autre part, si l'ennemi, prenant l'initiative de l'attaque, et voulant ou étant forcé de respecter la neutralité de la Suisse et du pont de Bâle (ce qui est peu probable sans les fortifications d'Huningue) ; si l'ennemi, disons-nous, nous attaque brusquement sur ce point, aujourd'hui si découvert et si vulnérable, il a de grandes chances de réussite s'il débouche inopinément et en force par la Forêt-Noire et le grand-duché de Baden; et le Rhin, une fois franchi à Huningue, l'ennemi ne manquerait pas, soyez-en certain, de faire ce que nous n'avons pas su ou osé accomplir : il relèverait promptement tout ou partie des fortifications de cette place, et en ferait, contre nous, une formidable tête de pont en-deçà du Rhin, qui lui assurerait pour longtemps l'entrée du canal, lui donnerait de suite un pied-à-terre en Alsace, et enfin une base d'opérations sur le territoire français.

Huningue fortifié nous assure donc en tout temps le passage du Rhin, pour l'offensive, sur un point stratégique de la plus haute importance, qui a joué un grand rôle et a eu une grande influence dans presque toutes nos guerres avec l'Allemagne; et, dans la défensive, rend ce même point invulnérable du côté de la France.

Au point de vue le plus vulgaire de la stratégie et de la politique, il nous semble que c'est ne pas comprendre l'importance de la position de Bâle et de sa neutralité que de nier ou contester l'importance d'Huningue fortifié.

Si Bâle, nonobstant ses rapports et ses liens d'intérêt avec la France, et malgré les motifs puissants qu'il a eu de tous temps pour ne pas se brouiller avec nous, n'est pas forcé à la neutralité par un danger ou un dommage plus grand que le passage d'une armée ennemie, il livrera toujours son pont sur le Rhin et ouvrira ses portes à la première sommation appuyée de préparatifs pour forcer ce passage.

Mais si Huningue peut lui dire, comme jadis : *Si tu bouges je te brûle*, Bâle fermera ses portes, et courra le risque d'essuyer quelques coups de canon plutôt que de se brouiller avec Huningue, assuré que son redoutable voisin lui viendra en aide dans sa résistance, ou qu'il l'abîmera s'il cède.

C'est une terrible alternative pour Bâle, sans doute, et c'est pour s'en affranchir que ce petit canton ne craignit pas, en 1815, de donner *au lion mourant le coup de pied de l'âne*, ainsi que cela fut dit alors : ce coup de pied rancuneux, c'était de beaux et bons millions de florins offerts par Bâle, et acceptés par l'Autriche, pour faire sauter les bastions d'Huningue, ce que cette puissance ne demandait pas mieux, déjà, de faire pour son propre compte.

Ce fait historique incontestable est l'argument le plus décisif que l'on puisse opposer à l'opinion qui nie l'importance stratégique et politique d'Huningue; et la crainte, l'anxiété qu'éprouve Bâle aujourd'hui de voir s'élever de nouveau, à ses portes, cette forteresse qui l'a tenu si longtemps en respect et en tutelle, et d'essuyer quelque jour de sévères représailles de son agression passée, est un autre argument non moins concluant, ou plutôt, c'est la conséquence et comme la seconde édition du premier.

Il faut le dire haut et ferme, afin qu'on l'entende et qu'on le sache : il est nécessaire à la sécurité, à la puissance offensive et défensive de la France que Bâle, et par lui tous les cantons allemands de la Suisse, soit protégé et contenu contre les faiblesses de ses craintes, les fantaisies de son orgueil, et contre les mauvais conseils de ses rancunes; car Huningue fortifié, tout en lui imposant, protége réellement cette ville libre, en rendant sa neutralité réelle, effective. — Or, la neutralité de Bâle, forcée ou volontaire, qu'importe! Nous l'avons indiqué, c'est la neutralité de toute la Confédération helvétique; car ce canton important par sa richesse, son commerce de transit, et surtout par sa position géographique, qui est une clé des Alpes, outre sa voix à la Diète, a, par ses affinités, ses liens et ses rapports avec tous les autres cantons allemands, une grande influence sur leurs propres voix. — Si Bâle vote pour la France ou dans les intérêts de la France, que ce soit par peur, par calcul ou par affection, ou pour tous ces motifs à la fois, il entraînera probablement *Argovie*, *Zurich*, *Schaffhouse*, etc. etc., à voter dans le même sens; et ceux-ci, réagissant et influant à leur tour sur les cantons qui les touchent, la majorité de la Diète suisse peut ainsi se trouver acquise aux intérêts français par l'action d'Huningue sur Bâle. — Ce résultat probable vaut bien qu'on le médite.

La neutralité réelle, sérieuse de la Suisse, qui couvre un tiers de nos frontières de terre, peut déterminer celle du royaume *de Sardaigne et Piémont;* alors, depuis *Nice* jusqu'à Huningue, et de Huningue à Strasbourg et Lauterbourg, nous sommes mis à l'abri d'une invasion par les Alpes et le Rhin; et nous pouvons considérer avec quelque confiance la partie de nos frontières privée de ses limites naturelles, depuis Lauterbourg jusqu'à Longwy et Thionville, et peser de tout notre poids de ce côté, où nous nous appuyons sur la neutralité et les intérêts de la Belgique, et sur les sympathies et les affinités françaises de nos anciennes provinces rhénanes.

De la neutralité au concours il n'y a qu'un pas, quand surtout on se trouve le plus fort et en mesure de prendre l'initiative : une première victoire, un premier avantage sur les bords du Rhin nous donnerait probablement le concours au moins moral de la Suisse et du Piémont. — Alors l'Italie libérale, l'*Italie unie*, trouve là un point d'appui pour compter avec l'Autriche, qu'une formidable diversion, sur le cœur de cet empire, menacerait par les ponts d'Huningue et de Bâle, dont nous serions maîtres alors.

Les Autrichiens avaient donc de bonnes raisons pour se hâter, en 1815, de faire sauter les bastions et forts d'Huningue, que la faiblesse (quelques-uns disent la trahison) leur livra ; et ils durent encaisser avec une satisfaction quelque peu narquoise les millions de florins que les Bâlois eurent la bonhomie de leur donner pour obtenir un résultat qui entrait si bien dans l'intérêt de leur domination en Italie, de leur influence en Suisse, et dans leurs vues et leurs projets d'affaiblissement de la France! — Il est vrai que, plus tard, les traités et conventions de Vienne stipulèrent que la France rendrait tout ou partie de ces millions à Bâle, pour *l'indemniser* de la poudre de guerre qu'il s'empressa de fournir pour l'œuvre de destruction. — C'était compléter l'acte de spoliation par l'humiliation.

Relever les remparts d'Huningue serait donc la réponse la meilleure, la plus énergique et la plus significative que l'on puisse faire au défi que nous jettent aujourd'hui les puissances qui les ont détruits, par crainte encore plus que par vengeance. — A Vienne et à Saint-Petersbourg on procède par des faits plus que par des paroles : pourquoi n'agirions-nous pas de même?... Le fait de relever Huningue aurait, dans les conjonctures présentes, une éloquence autrement persuasive, une logique autrement précise et nette que toutes les protestations diplomatiques et les discours parlementaires ; et ce fait s'accomplissant chez nous, après une révolution faite au nom de la liberté et de l'indépendance nationale, et n'étant d'ailleurs, par lui-même, nullement agressif, personne, au-dehors de la France, ne peut s'arroger le droit d'y mettre obstacle.

La question *d'opportunité* est donc résolue par la situation et l'attitude politique et militaire de l'Europe. — Les souverains étrangers, au fond, ont cent fois plus de raisons de craindre la guerre, et la craignent plus en effet que la France. Mais ne voulant rien relâcher de leurs prétentions hautaines vis-à-vis d'elle, ni de leur orgueil dominateur vis-à-vis des peuples placés sous leur joug, ils prévoient un conflit, et s'y préparent. La plus vulgaire sagesse nous dit de les imiter en cela. — Leur système d'envahissements progressifs, d'empiètements clandestins, et de compression des nationalités qui aspirent à l'indépendance et à l'unité, portera ses fruits et aura ses conséquences tôt ou tard : la Pologne enchaînée dans sa tombe, mais non morte; l'Italie, comprimée et engourdie sous l'aile de plomb de l'aigle autrichien, mais que des rêves, des réminiscences de son passé font tressaillir dans son sommeil magnétique, finiront par secouer vigoureusement, l'une, ses fers, l'autre, sa somnolence maladive (¹). Ces deux grandes questions, sans compter tous les autres ferments de révolutions et de discordes qui existent à l'état plus ou moins latent, doivent nécessairement mettre un jour les armées européennes en présence. — Il est sage d'être prêt pour des éventualités si menaçantes, et qui peuvent d'un jour à l'autre devenir des faits. — Relever Huningue, c'est, à la fois, avoir un pied sur la route de Vienne et sur les flancs de la Confédération germanique, et placer nos vedettes sur les sommets du Saint-Gothard.

Resterait la question *de dépense*, la question d'argent.

Les fortifications d'Huningue sont *démantelées*, mais ne sont pas totalement détruites ni rasées. Les mines ont fait écrouler les revêtements en maçonnerie qui gisent par fragments et par blocs dans les fossés, qu'ils obstruent, mais qu'ils n'ont pas comblés. Les pierres de taille et autres matériaux de valeur ont

(¹) Ceci était écrit bien avant que les événements dont l'Italie est aujourd'hui le théâtre eussent pu me faire croire à une réalisation prochaine d'une partie de mes prévisions.

été enlevées, partie par Bâle, qui en a réparé ses vieilles murailles et ses modernes remparts, partie utilisée par les habitants d'Huningue et lieux circonvoisins. — Mais le tracé des fortifications, les *tranchées*, les *cavaliers*, *bastions*, *contregardes*, *demi-lunes*, etc. etc., tous les grands terrassements et reliefs existent encore ; des sondages récents ont prouvé que les fondations sont intactes. — Les travaux les plus longs et les plus dispendieux, ceux qui demandent le plus de bras et de temps sont donc faits ; il n'y a qu'à débarrasser les fossés, les curer, en rejetant les terres sur les terrassements d'où elles viennent pour recompléter et régulariser ceux-ci ; reconstruire les portes, désobstruer les prises d'eau dans le Rhin, et ensuite revêtir en maçonnerie tout ce qui doit l'être.

La dévastation et le dommage sont grands, sans doute, mais il s'en faut de beaucoup que la destruction soit entière et irréparable ; et nous estimons que pour relever la forteresse telle, et mieux qu'elle n'était même, il ne faudrait pas beaucoup plus de deux à trois millions de francs, et qu'une année de temps suffirait pour remettre la place en état de remplir sa destination première, ainsi que celle que lui assignent les conditions nouvelles dans lesquelles se trouve la localité, non moins que la situation générale actuelle de la France (*).

Seulement, nous l'avons dit, et nous insistons sur ce point, la redoute destinée à tenir Bâle en respect et à commander son pont sur le Rhin, devrait (ainsi d'ailleurs qu'on dit que le projet en existe aux archives du génie) être construite et placée de manière à commander et protéger en même temps le chemin

---

(*) Le rétablissement immédiat des fortifications d'Huningue serait, dans cet instant de crise, pour les travailleurs, une mesure salutaire et une œuvre patriotique en même temps. — Si jamais il y eût travaux intéressant la sécurité publique et l'honneur national, ce sont assurément ceux-là. — Qu'on les entreprenne donc promptement, et nos braves ouvriers trouveront à la fois, dans ces travaux, l'ouvrage qui leur manque et l'occasion d'un nouvel acte de dévouement à la Patrie.

de fer sur une étendue de deux à trois kilomètres, qui est la distance de Saint-Louis, dernière station française, à Bâle.

La *porte-écluse* qui ouvre ou ferme l'entrée du canal dans le Rhin, et qui, tant que l'ancienne tête de pont du petit Huningue n'appartiendra pas à la France, sera exposée au canon de l'autre rive, devrait aussi être placée plus en arrière et être *défilée;* ou il faudrait en construire une seconde à la première courbe que le canal forme en aval, et dont les sinuosités contournent en cet endroit les anciennes fortifications (*).

Il est remarquable que chaque fois que se présente une question ou une chance de guerre continentale ou de dignité nationale, cette question toujours palpitante d'Huningue surgit à l'instant comme corollaire de la première; et comment se tromper d'ailleurs sur cette unanimité de sentiments qui éclate en ce moment de toutes parts, à la tribune nationale et dans la presse, par les organes les plus populaires et les plus accrédités de tous les partis et de toutes les opinions ?

Et, enfin, après toutes ces considérations, se présente celle-ci : — Est-il digne d'une grande et fière nation comme la nation française, de laisser ainsi, à l'extrémité de sa frontière, se perpétuer l'affront de cette ruine déplorable, qu'on a si justement et si énergiquement comparée au cadavre d'un brave soldat laissé, sans sépulture, sur le champ de bataille, ou à l'empreinte, à la meurtrissure d'un soufflet sur la face d'un homme d'honneur.

Huningue, le 24 février 1847.

Le major P. MUSSOT,
du 7e régiment de chasseurs.

(*) L'achèvement du canal et son ouverture dans le Rhin, sont postérieurs à la destruction des fortifications d'Huningue.

VESOUL, IMP. DE SUCHAUX.

www.ingramcontent.com/pod-product-compliance
Lightning Source LLC
Chambersburg PA
CBHW071432060426
42450CB00009BA/2134